介護のしごとが楽

みんなが集まる
レクリエーション

地域の特性や
人材を活用!
利用者の意欲向上に
つながる
レクリエーションが
満載

監修
川崎陽一
株式会社プレイケア 代表取締役社長
板垣慎司
株式会社ライフタイムメディ 代表取締役社長

日本医療企画

はじめに

介護職になったばかりの新人にとって、日々の業務は初めて経験することばかりです。

どうすればいい？　どうして？　などの疑問があっても、先輩や上司に、何をどう聞けばよいのか迷うことも多いでしょう。

そんなとき、新人介護職員の皆さんにさまざまなヒントを与えてくれるのが「介護のしごとが楽しくなるこころシリーズ」です。

本シリーズでは、介護職員が自信をもって笑顔になる、利用者が喜び元気になるサービスを、《介護のこころ》とともに学ぶことができます。

シリーズ第7巻は、『みんなが集まる レクリエーション』です。

ほとんどの施設でレクリエーションの時間が

設けられていますが、レクリエーションはなぜ必要なのでしょうか？

決まりごとだから、どの施設でもやっているからというようなあいまいな理由ではなく、レクリエーションが高齢者のからだやこころに与える影響と、その重要性を、本書でしっかり理解してください。

次に、高齢者に喜んで参加してもらえるために、自分の勤めている施設で利用者にどのようなレクリエーションが必要なのか、また新たにどのようなレクリエーションが提供できそうか、本書のメニューを参考に考えてみましょう。事業所で提案することを目標にしてもよいでしょう。

利用者の笑顔は、介護職員の自信とやりがいにつながります。利用者がもっと笑顔になるレクリエーションを目指していきましょう。

目　次

◆本書の使い方◆

第1章　レクリエーションとは

　レクリエーションの基礎を段階的かつ具体的に学びます。

　自分の勤め先の事業所に当てはめて考えてみると、理解を深めることができるしょう。

第2章　レクリエーションメニューの実際

　レクリエーションメニューをルール・準備するもの・やり方・ポイント・解説の順に、イラストを交えて紹介します。

第3章　レクリエーションに関するQ&A

　レクリエーションで、介護職員が困った時の対策方法を、Q&A方式で紹介します。

第１章

レクリエーションとは

レクリエーションは、高齢者のこころとからだによい効果を与えます。

メニュー作りの基本を学んで、すべての利用者がやる気を出せるようなレクリエーションメニュー作りを実践していきましょう。

レクリエーションの目的

利用者の健康な日常に大切な要素

生活に喜びや刺激をもたらし、活力を高めます。

利用者とレクリエーション

レクリエーションの本来の意味は、「仕事や勉強などの疲れを癒して、精神的にも、肉体的にも、新しい力を盛り返すための休養や娯楽」とされています。

利用者にとってのレクリエーションは、利用者自身の頭脳やからだを使って、楽しみながら行う、遊びを手段とした心身の機能の維持、回復、向上へのアプローチです。利用者がレクリエーションに参加することで、次の3つの目的が果たせます。

①多方向から利用者の五感に刺激を与える
②孤立しがちな人のコミュニケーション作り
③利用者の現有能力を確認し、その力を高める

多彩なレクリエーション体験

利用者はレクリエーションを通じて次のようなさまざまな体験をすることによって多くの刺激を受け、毎日の生活を生き生きと過ごすための活力を得ることができます。

①声を出す、話す、歌うこと
②からだを動かす、運動をすること
③人との触れ合い、関わりをもつこと
④自分の気持ちを、表情や仕草に出すこと
⑤さまざまな意欲をもつこと
⑥やり遂げて、達成感を得ること
⑦過去を思い出す、連想する、判断すること
⑧楽しかったことなど、新しく記憶すること
⑨意見を言うなど自己をことばで表現すること
⑩人との共同作業を体験すること
⑪自分の愛情を満たすこと
⑫自分の欲求を満たすこと
⑬他者から承認され、自分に自信をもつこと
⑭自己実現

寝たきりや認知症などの予防に役立つ

転ばないからだ作りに役立ちます。

転ばないからだを作るレクリエーション

高齢者はわずかな段差でつまずき、転倒することがあります。高齢者は転倒による大腿骨頸部骨折が原因で寝たきりになったり、骨折治療のための入院による環境の変化から認知症を発症してしまうことも少なくありません。

そのような事態を予防するためには、転ばないからだ作りをすることが、とても重要です。

利用者の転倒予防に最も効果的なのが、楽しく運動できるレクリエーションなのです。

からだの機能を高めることの利点

運動によって全身の筋肉を使うことで、次のような利点があります。

●筋肉の量を維持する

立ったり、座ったり、歩いたりという日常生活動作をスムーズに行うための筋肉を維持し、からだのバランス感覚を向上させます。

●体温を上げる

からだを動かすことによって体温が上がるため、血流がよくなり、腰痛や肩こりなどをやわらげるとともに、免疫力が高まります。

●むくみを防ぐ

運動による筋肉の収縮によって、動かした筋肉周辺のリンパ管、静脈が圧迫され、体液の循環が促進され、浮腫(むくみ)などが軽減されます。

思考力や集中力、意欲を高める

多方向からのアプローチで利用者の意欲を高めます。

ことばを使うアプローチ

高齢になると1人きりでいる時間が長くなり、日常会話さえ交わすことなく1日を過ごすことになりがちです。

ことばに関するゲームやクイズなどのレクリエーションに参加し、声を出すことで唾液の分泌が盛んになり、利用者がなりやすいドライマウスを防ぐ効果が期待できます。

また、ほかの利用者との会話のきっかけとなり、新たな交流が生まれることにもつながります。過去を思い出したり、連想したり、物事を判断したりすることは脳の活性化にも役立ちます。

音楽を使うアプローチ

歌うことは、呼吸器の機能を高めることにつながります。顔の表情筋を動かすことで、笑顔が出やすくなります。また、耳に馴染みのある音楽を聴くことで、リズムに合わせて自然にからだが動き、気持ちも明るくなり、日常生活に意欲がもてるようになるでしょう。

触感や視覚を使うアプローチ

絵を描く、手芸をするなどのレクリエーションでは、集中力を養うことができます。また、何かを完成させることができれば、達成感を得ることができ、それによって利用者が自分に自信をもつことにもつながります。

さらに、ほかの利用者と一緒に作業するようなシーンがあれば、共同作業によって他人への気遣いなど、協調性を高めてくれます。

利用者が選択できるメニュー作り

レクリエーションのマンネリ化解消のため、これまでのメニューを分析して、改善する。

メニューのバリエーションを増やす

皆さんの施設で行われているレクリエーションメニューは、どのように決められていますか？　何となく思いついたメニューや、「去年も行っていたから」というだけで、毎年同じメニューの繰り返しになっていませんか？

こうした方法ではメニューの良し悪しの判断ができません。そこでバランス・シートを作成し、皆さんの施設のメニューについてチェックし、改善すべき点があるか検討してみましょう。

以下にバランス・シートの作り方をステップごとに解説します。

ステップ1　メニューを総点検する

施設で行われているすべてのメニューを書き

出します。クリスマスなどの季節のイベント、外出、ゲーム、塗り絵、カラオケなど、毎日行われている全メニューを箇条書きにします。

ステップ２　メニューを授業などに当てはめる

次に小学校の国語・算数・理科・社会・体育・美術・音楽・家庭科などの授業、校外見学、運動会、ランチルームでの給食などの行事を別な紙に書き出します。そしてステップ１で書き出したすべてのメニューを当てはめてみます。例えば、塗り絵なら美術、カラオケなら音楽、風船バレーなら体育というように分けます。

ステップ３　不足しているメニューの追加

こうしてできたメニューのバランス・シートを見ると、どうでしょうか？　大半の施設では体育が最も多く、次に美術や音楽のメニューが多い傾向にあります。体育メニューはからだを動かすことが目的で、利用者の体力維持には欠かせないため多くてよいのですが、数が少ない理科・社会のメニューの考案も必要です。難しいと思われるかもしれませんが、理科を生物や天文、化学、物理などに分けて考えれば、天体観測、ミニ盆栽作りなどアイデア次第でメニューは多彩に増やせます。

●メニューにバリエーションが必要なわけ

人はそれぞれ好きなことや興味がもてることが違うので、利用者に喜んで参加してもらうためにはメニューのバリエーションを増やす必要があります。

これまでの体育･音楽･美術のレクリエーションには関心がなかった利用者が、理科や社会の新しいメニューには興味を示してくれるかもしれません。そして、その一つのメニューがきっかけとなって､その他のレクリエーションにも、参加してみようという気持ちになってくれるかもしれません。

メニューのバリエーションを増やすことにより、利用者の心身の機能の維持、回復、向上へとつなげたいものです。

●年中行事はバリエーションを生む

豊かな自然と四季に恵まれた日本では、昔から行われている年中行事が豊富にあります。施設では、年中行事と関連づけて年に1度の大きなイベントを行っているところも多くあると思います。これらのイベントは、利用者に四季の移ろいを伝え、生活を彩る効果があります。

年中行事のいろいろ

1月	お正月、七草、成人の日	7月	七夕《たなばた》、海の日
2月	節分、建国記念日、バレンタインデー	8月	旧盆、終戦記念日
3月	雛《ひな》祭り、春分の日	9月	月見、敬老の日、秋分の日
4月	花祭り、昭和の日	10月	体育の日、ハロウィン
5月	憲法記念日、みどりの日、こどもの日、母の日	11月	文化の日、七五三
6月	父の日、夏至《げし》	12月	クリスマス、大晦日《おおみそか》

中間&日々のイベントの連携

●イベントの大・中・小のバランス

レクリエーションメニューは、その参加人数で大・中・小に分けることもできます。「大」に分類されるのは、例えば4月にお花見に行く、七夕に夏祭りを開く、秋の運動会、12月のクリスマス会など、年に1度だけ行われる大きなイベントです。

その他のレクリエーションは3カ月に1度の割合で行われるカラオケ大会や展覧会などで、「小」は日々のからだを動かすゲームであったり、塗り絵やお絵かき、またはカラオケや楽器の演奏だったりします。「中」と「小」の数は、施設によって多少のバラつきはあるものの、メニューの大半は「小」の数が多く、「中」の数が非常に少ないのが現状です。皆さんの施設のレクリエーションも分類してみましょう。

●中間イベントが日々のメニューの目標に

「大」のメニューは、年に1度の大きなイベントですから、利用者、介護職員、利用者の家族、ボランティアなど、大勢で楽しく盛り上がるようにします。

「中」と「小」については、それぞれが連携したほうが有意義です。例えば3カ月に1度、運動系の大会を開きます。そして春は輪投げ大会、夏はボーリング大会など、めりはりをつけます。そして、その大会に向けて、この3カ月は週に2回輪投げの練習をしようとか、目標のために日々の活動があるようにプログラムを作ります。

このように中間イベントを目標とすることで、日々のメニューを実施するときに明確な目標を提示でき、利用者のやる気を引き出すことができます。

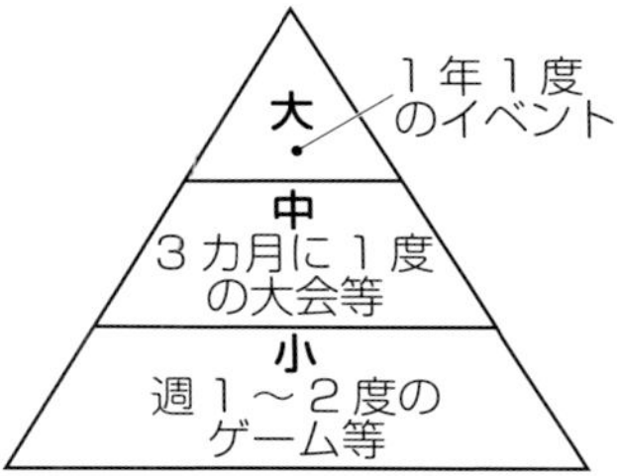

物的、人的、空間的、情報的資源

４つの資源を活用する

資源を上手に使うことで、新しいメニューを作り出します。

物的資源の活用

●物的資源とは何か？

介護職員のなかには「うちの施設にはレクリエーションで使う道具がたくさん用意されています」と言う人がいると思います。そこで、施設にある道具のリストを作成することをお勧めします。そして、道具がどれだけ利用されているかを職員全員でチェックしてみましょう。すると、利用される道具に偏りがある、または職員によって、使い方を知らない道具が存在するなどの問題が見つかると思います。そして、たとえ豊富にレクリエーションの道具がそろっていたとしても、それを十分に活用できていなければ、メニューがマンネリ化している可能性もあります。

●利用者に合わせたメニュー作りを

レクリエーションに用いる道具は、あくまでも人と関わるためのツールに過ぎません。それぞれの道具には決まった遊び方はありません。

例えば、将棋のルールを知らない利用者が参加するレクリエーションでは、盤の中央に置いた駒の山から音を立てないように駒をとる「山崩し」や、駒を上に一つひとつ積み重ね個数を競うゲームを行えば、将棋の駒という道具を活用することができます。

こうした既存のゲームだけではなく、利用者に合わせてルールを調整していくことで、将棋の駒1つで、新たな遊びがどんどん生まれていきます。もちろんほかの道具でも同様です。

レクリエーションで大切なのは、利用者に合わせて新たな遊びを想像する力です。

利用者に合わせたさまざまなメニューを、介護職員が自ら考える習慣をもつように心がけてください。

介護職員一同で、さらには利用者にも一緒に考えてもらうのも一案です。道具の活用方法を考える行為も、利用者に参加してもらうことによってレクリエーションメニューの一つになりえるからです。

人的資源の活用

●人的資源とは何か

人的な資源を一言で表現すると、あの人がいるからこのレクリエーションができる、という介護職員が存在することです。たとえば家庭菜園を趣味とする介護職員がいるから施設で野菜が育てられる、ハンドベルを習っている介護職員がいるからクリスマスにハンドベルの合奏にチャレンジできるなどが挙げられます。

その介護職員の趣味や特技、夢中になって習っていることなどをメニューに取り入れていくので、提供されるレクリエーションも質の高いものが生み出されることが期待できます。

介護職員も、自分の得意分野を楽しむことができますし、豊富な知識で利用者に合わせて、手順やルールを調整することも簡単でしょう。

●人的資源をどう発掘するか

発掘方法はとても簡単です。まず介護職員が全員集まる場所で多少の時間を確保します。そして全員に、自分の趣味、特技、好きなこと、興味のあることを書き出してもらいます。箇条書きでもかまいません。それを全員に発表してもらい、その場で一覧表にして情報を共有します。

次に利用者に「施設で行ってみたいレクリエーション」について調査し、これも一覧表に書き出します。

そして2つの一覧表を並べて、マッチングを行います。たとえば、水彩画が趣味の職員がいて、利用者の中に水彩画をやりたいという意見があれば、水彩画の教室を開催するということです。

ネーミングも介護職員の名前をつけて「毎月第1・3金曜は○○さんの絵画教室」などとすれば、参加する利用者も親しみがわきますし、主催する介護職員もやりがいがわくでしょう。

空間的資源の活用

●施設内部の空間を活用する

皆さんの施設には、他の施設より優れている場所はありませんか？　その場所の特性を活かしたレクリエーションの内容を、空間的資源ということができます。たとえば屋上があるから屋上に家庭菜園を造る、また、中庭があるからバーベキューをするなど、結びつける要素は何でもよいと思います。せっかくの空間があっても有効に活用されていなければもったいないので、施設の中の眠っている空間を見つけ出してください。

●外部の空間的資源をさがす

空間的資源は、施設の中だけにあるものではありません。施設がある地域にも必ず資源があるはずですので、確認してみましょう。場所という視点だけでなく、季節に視点を置いてさがしてみるのもよいと思います。たとえば、やはり春はお花見の季節ですから近所の児童公園の１本の桜の木でも、満開の日にお花見ができれば、参加した全員が盛り上がるでしょう。同様に夏は近くにある親水公園に出かけて水の涼しさを感じる、秋はイチョウ並木で銀杏を拾うなど、季節ごとに外部の空間的資源を用いて演出することができるでしょう。

●内と外のバランスをチェック

皆さんの施設で行われているレクリエーションの一覧表を作成し、施設の中で行われるものと、外で行われるもののバランスを比べてみましょう。大半が内部ではありませんか？　バランスは五分五分が理想です。

地域にある外部空間資源のいろいろ

自然	海、山、川、公園など
商業施設	ショッピングセンター、商店街など
観光施設	神社仏閣、美術館、温泉など
レジャー施設	テーマパーク、カラオケボックス、ボーリング場など
特産関連	生産工場、地域産物、畑、菜園など
公共施設	公共施設、公民館、体育館など

情報的資源の活用

身近なテレビはもちろん、インターネットの普及によって、今の世の中は情報が洪水のようにあふれています。テレビ番組一つでも、見ていて楽しいゲームやクイズがたくさんあります。これを情報的資源と呼び、皆さんの施設の利用者に合った方法に調整して、新しいレクリエーションを生み出しましょう。

●常にアンテナを張りましょう

“脳活”ということばもすっかり定着して、脳活をキーワードとしたゲームやクイズに関するテレビ番組や書籍もいろいろ目にします。

介護職員は、こうしたテレビ番組を録画したり、インターネットやSNSなどでヒントになる資料を見つけたりして、普段からネタさがしを心がけておくとよいでしょう。

●利用者と一緒に考える

利用者と介護職員が一緒になって、見たテレビ番組からゲームやクイズを考えるのも、それ自体がレクリエーションとなりますし、コミュニケーションを図るのに適しています。ある利用者と考えたクイズなどを別の利用者に出したりすることで、さらに輪が広がって楽しめるかもしれません。

●オリンピックをメニューにしよう

冬季のソチ、夏季のリオデジャネイロに続き、2020年には東京でオリンピック・パラリンピックの開催が決まりました。利用者にも介護職員にもオリンピックは話題にのぼる関心事でしょう。

オリンピックの多彩な競技種目から、いろいろなゲームを連想してみるのも一案です。たとえばテーブルの上でできるカーリングや、大人気のフィギュアスケートの選手のカラフルな衣装を絵に描いて、そのデザインコンテストで人気投票をし、手作りの金・銀・銅メダルを表彰式で授与する……などというのも、やってみると楽しいかもしれません。

新しい刺激を生むポイント

●外部の人材を有効に活用する

図は、レクリエーションでいかに刺激を受けるかをまとめたものです。

新しく来た人が新しいレクリエーションを行う場合が、一番刺激を受けることになります。

逆に、いつも顔を合わせている介護職員によるおなじみのメニューは刺激が少なく、新鮮味に欠けるのは当然のことでしょう。

新しい刺激は、利用者の意欲につながります。

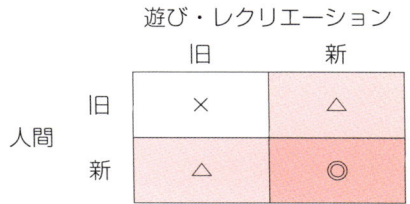

レクリエーションの刺激モデル

		遊び・レクリエーション	
		旧	新
人間	旧	×	△
	新	△	◎

利用者に楽しく参加してもらうためには、「レクリエーション」と「人」の新鮮さを保つことも重要なのです。

●ボランティアをどう活用するか

この図にある◎を演出するためには、どのようなことを行えばよいのでしょうか。それは、外部の人材を確保することにつきます。では、どうやって新しい人材を見つけるかですが、介護職員が積極的にボランティアを探すことが大切です。

まず、利用者、介護職員の身近な人に声をかけるなどの努力をしてください。地域の図書館などの公共施設やスーパーなどに「〇月〇日〇時～〇時、〇〇〇ができる方を大募集!!」と書いたポスターを貼るなどの広報活動を行ってもよいでしょう。自分の施設の中や外に告知するだけではなく、地域の社会福祉協議会やボランティアセンターなどにも聞いてみましょう。これまでは、ボランティアが来ることをただ待っていたのだとしたら、これからは、自ら探してアプローチする時代です。その結果、より質の高いレクリエーションが実現し、利用者の笑顔の創造につながります。

これまでにボランティアとして参加してきた方々を大切にしながらも、新しい人がどんどん参加できるような環境を作ることが大切です。こうした活動を最も簡単に行うためには、ボランティア・コーディネイターとなる担当者を事業所に設けるとよいでしょう。

第2章

レクリエーションメニューの実際

第1章で紹介した授業系統別にさまざまなレクリエーションメニューを紹介します。

利用者の状況にあわせ、ルールなどを一部変更したり、新しい要素を入れてみるなど、利用者が常に楽しんで参加できるような工夫をしてみましょう。

利用者が、楽しみながら体力をつけることが目的

ゴルフボーリング

●ルール

利用者には、ピンに対していすを横向きにして座ってもらいます。ゴルフクラブでボールを打ち、ペットボトルのピンを倒した数を競って勝負します。参加人数が少ない場合は個人戦、参加人数が多い場合はグループ戦、両方を行うことができます。

●準備するもの

①ゴルフクラブ（２本）

②ボール（２個×人数分）

普通のゴルフボールでもよいですが、ゴルフボールよりひと回り大きめで、子どもが遊ぶような柔らかい素材のものでもよいで

しょう。

③ペットボトル500mL（10本×2セット）

●やり方

①利用できるものがあれば、できるだけゴルフクラブを使います。なければ牛乳パックと新聞紙などを使ってクラブを手作りしてもよいでしょう。

②ペットボトルをピンにします。1本だけ少し水を入れてカラーテープなどを巻き、ラッキーボトル作ります。

③利用者にピンに対していすを横向きにして腰かけてもらい、クラブを渡します。

④利用者にラッキーボトルの位置を決めてもらって、指定された位置に置きます。

⑤スタートラインから、ボールを1人2個ずつ打ちます。

⑥倒れたピンの本数の合計で競います。

- 普通のペットボトル→1点
- ラッキーボトル→5点

- ストライク→10点ボーナス

⑦結果を発表します。個人戦とグループ戦の両方ともに、それぞれの成績を発表します。

●ポイント

ラッキーボトルをどこに置くかを利用者に決めてもらうと、大半の人が真ん中に置いてしまうことが多いので、好きな場所に置くようアドバイスします。

●解説

いすに座りながらできるゲームです。本物のゴルフクラブとゴルフボールを使うと、ゴルフの経験がある男性の利用者も参加しやすくなるでしょう。できる人にはいすから立ち上がって、行ってもらいましょう。

お手玉投げ

●ルール

お手玉を1個ずつ、5回連続して投げます。お手玉が入ったかごについている点数の合計が得点となります。

●準備するもの

①かご（形、大きさが違うもの、5個）

大きくてお手玉が入りやすいかごは低い得点に、小さくてお手玉が入りにくいものには高い得点にして使います。

②お手玉（5個）

●やり方

①利用者の目の前、約1m先にかご5個を並べます。

②利用者にルールを説明します。

③盛り上げるための楽器を配ります。

④お手玉を利用者に渡します。

⑤お手玉をスタートラインから1個ずつ、5回連続して投げてもらいます。

⑥投げ方は自由です。お手玉が、かごのふちに乗ってしまったら、やり直してもらいます。

⑦点数をボードに記入します。お手玉が入ったかごに付いている点数の合計が得点。かごの外に出たものは得点になりません。

⑧次の利用者に回し、1〜2回、繰り返します。結果を発表します。かごに入った合計点の高い人の勝ちとなります。

●ポイント

距離によっては強過ぎて玉が外に出てしまうこともあるので、利用者のADL(日常生活動作)の状況に応じて、それぞれに合った距離に変えたほうが、ゲームが白熱するでしょう。

●解説

かごでなくても、バケツ、傘など、身の回りの物を代用して使うこともできます。運動会のBGMを流すなど、“玉入れ”を連想させる雰囲気作りをすると、対戦を盛り上げることができます。

参加人数が多い場合には、紅白2チームに分かれる、または複数チームの勝ち抜き戦や総当たり戦にするなどしてもよいでしょう。

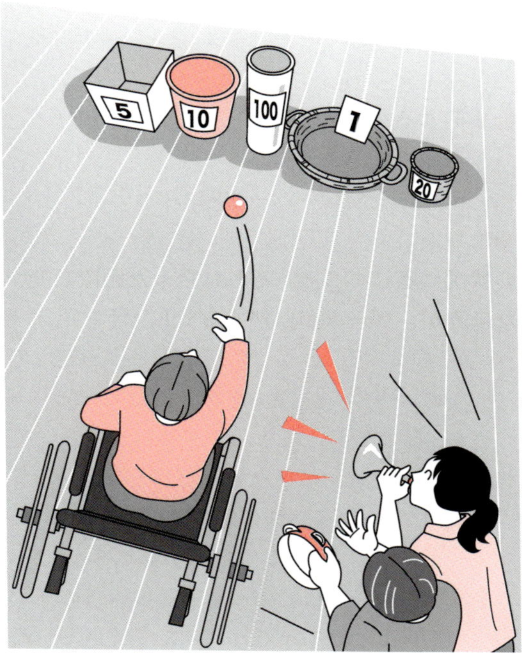

トイレットペーパー積み

●ルール

２人１組になり、ティッシュペーパーの箱でトイレットペーパーをはさんで上に積み、積んだらまたおろします。

●準備するもの

①トイレットペーパー（10個）
②ティッシュペーパーの箱（４つ）

●やり方

①利用者には２人１組にペアを組んでもらいます。ティッシュペーパーの箱を１人１個ずつ持ち、２人で息を合わせテーブルなどにばらばらに置いたトイレットペーパーを、２つの箱ではさんでもらいます。
②はさんだらトイレットペーパーをテーブルに積み上げ、それを５個重ねてもらいます。
③５個重ねたら、今度は１個ずつおろします。
④５個がばらばらになるまで繰り返します。
⑤１度積み上げて、それをまた早くばらばら

に戻し終わったチームの勝利です。

●ポイント

トイレットペーパーが倒れてこないように見守ります。

●解説

利用者の手や腕の状況にあわせ、安全を確認しながら行いましょう。

フープ玉入れ

●ルール

フラフープを床に置いて、ボールを転がし、その輪の中に何個のボールを入れることができるかを競うゲームです。

●準備するもの

①フラフープ

②よく転がるボール（5個くらい）

③ボードまたは紙

④ボード用のペン、鉛筆などの筆記用具

●やり方

①円形にイスを配して、2mくらいの適当な距離の中心にフラフープを置きます。

②利用者にボールを渡します。

③利用者にルールを説明して、じゃんけんなどで投げる順番を決めます。

④ボールを渡し、フラフープの中に入るようにボールを転がしてもらいます。1人5球ぐらいが目安となります。

⑤何個ボールが入ったかをボードか紙に記入して、次の利用者に交代してもらいます。
⑥一巡して時間が余るような場合は、もう一巡行います。
⑦2回の合計の得点を発表します。フラフープにたくさんボールを入れることができた人の勝ちとなります。

●ポイント

距離によっては簡単過ぎる場合もあるので、距離を変えることで難易度を変更できます。ボールが入りそうで入らなかったときや、強過ぎて外に出てしまったときなどに「惜しい！」などの声かけをしてゲームを盛り上げましょう。

●解説

フラフープまでの距離や、フラフープの大きさを変えることで、利用者のADLに合わせたレベル調整ができるゲームです。個人戦よりチーム戦にすることで、一層、盛り上がるゲームでもあります。

巻いて、巻いて

●ルール

紐《ひも》のついた台に乗せたお手玉を落とさずに、紐を早く巻き取った人が勝つゲームです。

●準備するもの

①棒（ラップなどの芯、３本）
②紐（３本）
③台にするダンボール
④お手玉（３個）

●やり方

①お手玉を乗せる台をダンボールで作り、それを紐で棒に付けます。
②利用者に棒を持ってもらい、台に乗せたお手玉を落とさないように巻き取ってもらいます。
③３人ずつの対戦で行います。
④早く巻き取った人の勝ちになります。

●ポイント

あまり早く巻き過ぎると、お手玉が板から落ちてしまうので力加減も重要になります。

●解説

巻き取るときに、手首の関節を使うゲームです。お手玉が落ちやすいもの、落ちにくいものなど、台の素材を変えることで、ゲームのレベルを変えることができます。

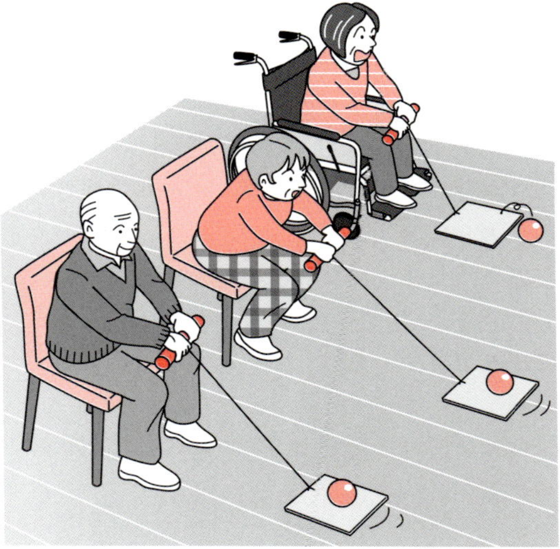

ゴムバンド体操　①腕編

●ルール

　ゴムバンドを使って、座ったまま行う簡単な腕の体操です。

●準備するもの

①ゴムバンド（人数分）

●やり方

①両手を前方に伸ばして、肩幅で、ゴムバンドを上からつかみます。

②肘《ひじ》を伸ばした状態で、両手を外側に広げ、「1・2・3」と数えながらゴムバンドを引っ張ります。

③数字をゆっくり数えながら元の姿勢に戻します。

●ポイント

　利用者の状態に応じて、ゴムの長さや、引っ張り方を指導します。無理のない範囲で実施しましょう。

●解説

腕の筋肉を使うので、軽い筋トレになります。

ゴムバンド体操　②足編

●ルール

ゴムバンドを使って、座ったまま行う簡単な足の体操です。

●準備するもの

①ゴムバンド（人数分）

●やり方

①いすに座り、ゴムバンドを両足の土踏まずのあたりにかけ、膝の高さまでゴムバンドを持ち上げます。

②膝を曲げた状態で、「1・2・3」と数を数えながら、ゴムバンドをかけた足を左右に開きます。

③数字をゆっくり数えながらゴムバンドをかけたまま元の姿勢に戻します。

●ポイント

利用者の状態に応じて、ゴムの長さや、引っ張り方を指導します。無理のない範囲で実施しましょう。

●解説

足の筋肉を使うので、軽い筋トレになります。

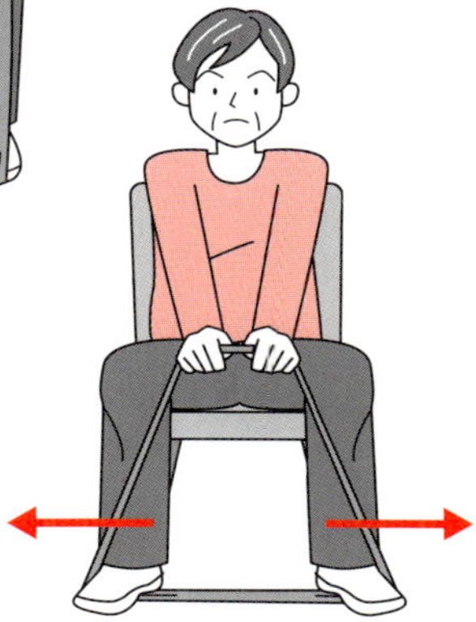

リズムにあわせて自然と笑顔に

曲名当てゲーム

●ルール

昔の歌謡曲の入ったCDを使って行うイントロ当てクイズ。早く曲名を答えた人がポイントを獲得、点数の高い人が勝ちとなります。

●準備するもの

①CD
②CDプレイヤー

●やり方

①CDに入っている歌手を事前に説明します。
②順番に頭出しし、曲名を当てます。
③曲名が当たった人は10ポイント。同じ歌手の違う曲なら5ポイントなど、ポイント

に差をつけます。

④一番ポイントの多かった人が勝ちです。

●ポイント

知らない曲を覚えるのもよい刺激になるでしょう。当てた曲の1番だけでも利用者と一緒に歌っても楽しいでしょう。

●解説

いわゆるイントロ当てクイズです。流行歌であればイントロで答えが出ますが、童謡や唱歌の場合、CDによってイントロの編曲が違っている場合があるため、知っている歌でも歌詞が始まるまでわからないこともあります。

介護職員は、利用者が若い頃の流行歌をたくさん勉強してください。皆で一緒に歌うときには、タンバリン、マラカス、カスタネットなどの、簡単にリズムをとることができる楽器をいくつか用意しておいて、利用者が思い思いに音を出しながら歌えば、声が出にくい方でも、盛り上がることができるでしょう。

字抜き歌

●ルール

歌詞の決まった文字を1つか2つ抜いて、皆でその歌を歌います。

●準備するもの

特にありません。なるべく利用者全員が歌詞を記憶しているような童謡や唱歌を選びます。

●やり方

①「金太郎」の場合は、あらかじめ「ま」を抜いて歌う約束をします。

②「むすんでひらいて」の場合は、あらかじめ「て」を抜いて歌う約束をします。

③「七つの子」の場合は、あらかじめ「か」を抜いて歌う約束をします。

④「春よ来い」の場合は、あらかじめ歌詞の中の「は」と「い」の文字を抜いて歌う約束をします。

次のページに歌詞を掲載しましたのでご利用ください。

●ポイント

指定した字を抜くときに、手を叩く、足を踏む、または用意した楽器や音が出る物などを鳴らしましょう。

●解説

もしも歌詞がまったくわからない人や、忘れてしまっている人がいる場合には、歌詞を書いた紙を配るのもよいかもしれません。もし用意できるのであればタンバリン、マラカス、カスタネットなどの誰でも簡単にリズムをとることができる楽器を用意しておくと、さらに役立つでしょう。ペットボトルにビーズや砂を入れて、音が出るように手作りしてもよいでしょう。

足を踏んでリズムを取る、手を叩く、また楽器などを使って音を出すなどからだを動かすことは、簡単な体操にもなります。

歌　詞

（赤文字は歌わず、手や足や楽器で音を出しましょう）

①金太郎　「ま」を抜く

作詞：石原和三郎　作曲：田村虎蔵

まさかりかついで　きんたろう
くまにまたがり　おうまのけいこ
ハイ シィ ドウ ドウ ハイ ドウ ドウ
ハイ シィ ドウ ドウ ハイ ドウ ドウ
あしがらやまの　やまおくで
けだものあつめて　すもうのけいこ
ハッケヨイヨイ ノコッタ
ハッケヨイヨイ ノコッタ

②むすんで　ひらいて　「て」を抜く

作詞：不明　作曲：ジャン-ジャック・ルソー

むすんで　ひらいて
てをうって　むすんで
またひらいて　てをうって
そのてを　うえに
むすんで　ひらいて
てをうって　むすんで

③七つの子　「か」をぬく

作詞：野口雨情　作曲：本居長世

からす　なぜなくの　からすはやまに
かわいいななつの　こがあるからよ
かわいい　かわいいと　からすはなくの
かわいい　かわいいと　なくんだよ
やまのふるすに　いってみてごらん
まるいめをした　いいこだよ

④春よ来い　「は」と「い」を抜く

作詞：相馬御風　作曲：弘田龍太郎

はるよこい　はやくこい
あるきはじめた　みいちゃんが
あかいはなおの　じょじょはいて
おんもへでたいと　まっている
はるよこい　はやくこい
おうちのまえの　もものきの
つぼみもみんな　ふくらんで
はよさきたいと　まっている

手作業は集中力を高め、作品が完成すれば達成感も得られる

返せ!　返せ!

●ルール

白と黒の2チームに分かれ、テーブルの上の駒を自分のチームの色にひっくり返していく、オセロのようなゲームです。

●準備するもの

①段ボール
②黒と白の紙
③セロハンテープ

●やり方

①丸く切った段ボールの表と裏それぞれに、黒い紙と白い紙をセロハンテープで貼り付け、オセロのような駒を作ります。最低でも6×6で36個、10×10で100個あると、

同時に複数の人で対戦ができます。

②テーブルの上に半分が白、半分が黒になるようにダンボールを置きます。

③２チームに分かれて、それぞれのチームカラーを白と黒のいずれかに決めます。

④「よーい、どん！」のかけ声とともに、テーブルの上に並べた駒を、ひたすらチームの色にひっくり返していきます。

⑤２分間で動作をやめ、やめたときにテーブルの上の駒の数が多いチームの勝ちです。

⑥結果を発表します。

●ポイント

まず、ゲームを始める前に、利用者と一緒に駒を作ることからスタートします。段ボールにそれぞれのチーム・カラーの紙を貼ったり同じ大きさの駒を作る共同作業によって、利用者同士、利用者と介護職員とのコミュニケーションも育まれます。

●解説

駒を作ったり、駒をひっくり返したりする時に指先を使うことで、脳やからだの活性化が期待できます。

チーム戦でも個人戦でもできますが、チーム戦はレベルが同じになるようチーム分けに配慮が必要です。

お絵描きしりとり

●ルール

しりとりの要領で、直前の絵につながる絵を描いていきます。他の利用者の絵を見て何の絵かを考えたり、自分で描く絵をイメージしたり、結果発表も楽しめる伝達ゲームです。

●準備するもの

①紙（人数分×人数分の倍の枚数）

②ペン（人数分）

●やり方

①絵のしばりとなる人数分のテーマと、その順番を決め、中央の紙にテーマを記載します。テーマは自然、食べ物、乗り物、スポーツ、生き物など。

②最初のテーマ（例：乗り物）を確認し、新しい紙に、1分以内でテーマに沿った絵を描きます。しりとりなので、例えば「ワゴン」のように「ん」で終わる絵はNGです。

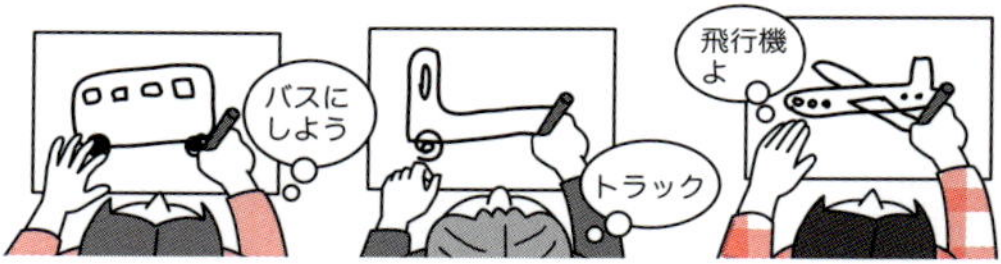

Cさん　Bさん　Aさん

Aさんは乗り物というテーマで飛行機を描きました。

③描き終わったら、紙を裏返しに伏せて左隣の人の近くに置きます。1分たったら絵が途中でも手を止めて左隣の人の近くに置きます。

Cさん　　Bさん　　Aさん

Aさんは B さんに紙を渡します。右隣の人のいない A さんには C さんが紙を渡します。

④右隣の人が置いた用紙をめくって絵を確認します。何が描いてあるのかを推察して、新しい紙に文字で答えを書いて絵の描かれた紙の上に乗せます。

Cさん　　Bさん　　Aさん

Aさんは C さんの絵を見て新しい紙に「電車」と書きました。

⑤さらに新しい紙を重ねて次のテーマ（例：食べ物）を確認し、しりとりでつながる絵を描きます。以降、同じように繰り返します。

Cさん　Bさん　Aさん

Aさんは新しい紙に電車の「や」からはじまる食べ物を考え「やきそば」を描き、Bさんに渡しました。

Cさん　Bさん　Aさん

Cさん　Bさん　Aさん

Cさん　Bさん　Aさん

⑥人数分の回数を行って、自分が最初に描いた用紙の束が１周して戻ってきたら、最後の紙を重ねて文字で答えを書き、ゲームは終了です。

⑦１人ずつ紙の束を１枚ずつめくって、答え合わせをしていきます。

●ポイント

回ってきた絵の意図がわからなかったり、自分が思い通りの絵を描けず申し訳ない気持ちで隣の人に回したり、という伝達ゲームの楽しさが味わえます。

●解説

最後の結果発表で、この絵は何を描くつもりだったか、何に見えるか、よく描けている、形が面白いなど、品評し合うことで、さらに盛り上がります。

テーマと内容

テーマ	内容
自然	太陽、月、星、雲、雨、雪、山、海
デザート	ソフトクリーム、ケーキ、アイスクリーム、いちご、おまんじゅう、どら焼き、プリン　など
花	あさがお、チューリップ、水仙、桜、ひまわり、ゆり、梅　など
乗り物	電車、バス、乗用車、トラック、船、飛行機　など
スポーツ	野球、サッカー、ボーリング、体操、バレーボール、スケート、スキー　など
動物	犬、猫、キリン、ライオン、牛、豚、象　など
虫	てんとう虫、カマキリ、アリ、セミ、バッタ、ムカデ、ダンゴ虫　など

文字やことばを思い出したり連想して脳を活性化する

漢字ゲーム

●ルール

漢字の「かんむり」(例:草かんむり)や「へん」(例:のぎへん)が付く文字を、いくつ答えられるか、またはいくつ書けるかを競い合い、記憶力を活性化させてくれるゲームです。

●準備するもの

①ボード、または紙(チームの数分)

②ボード用のペンまたは鉛筆(チームの数分)

※ボードとペンは口頭で答えてもらう場合に、紙と鉛筆は答えを書いてもらう場合に用意します。

●やり方

①事前に問題にする「かんむり」「へん」など

を考えておき、それが付く漢字もきちんと調べておきます。

草かんむり	草　菜　花　芸　芝　芽　萌　芳　英　苑 華　菓　苦　若　苔　茶　苗　茂　など
木へん	椿　柱　杉　松　桂　机　楓　柿　校　杯 権　模　札　杖　枝　柚　椎　横　など
さんずい	汁　汗　江　池　汽　決　沙　沢　沖　泥 波　泌　泊　沸　泡　油　海　活　など
のぎへん	私　利　和　科　秋　秒　称　租　秩　秘 移　税　提　程　稚　種　稲　穂　など
てへん	捕　拍　撲　投　打　扱　択　抜　拠　援 損　掛　採　扶　持　控　探　描　など
にんべん	仁　他　伝　件　作　供　体　低　住　借 倍　仙　仮　任　値　俗　使　信　など
さかなへん	鰈（かれい）　鱒（ます）　鯰（なまず）　鮎（あゆ）　鮃（ひらめ）　鮑（あわび）　鮪（まぐろ）　鮭（しゃけ）　鮫（さめ）　鯉（こい）　鯔（ぼら）　鯛（たい）　鰊（にしん）　鯱（しゃち）　鰐（わに）　鰆（さわら）　鮒（ふな）　鰯（いわし）　鰤（ぶり）　鰰（はたはた）　鰻（うなぎ）　鱈（たら）　鰹（かつお）　鱸（すずき）　など

②ルールを説明して、1人ずつ、あるいはグループに分かれてもらいます。

③問題を出します（例：草かんむりの付く漢

字を書いてください)。

④問題に該当する文字を1人またはグループごとに答えるか、紙に記入してもらいます。

⑤口頭で答えてもらう場合はボードに、書く場合は紙に記入してもらいます。

⑥時間を決めて、終了します。

⑦漢字の数を数え、結果を発表します。漢字の数が多い人またはグループの勝利です。

●解説

利用者のなかには、介護職員が知らない漢字を多く知っている方も多いので、介護職員と対戦するのもよいでしょう。

利用者の名前に使われている漢字を題材に取り上げるとか、「魚へん」の漢字を集めて、好きなお鮨のネタの話をするなど、話題を広げていくのも脳の活性化につながります。

くさかんむり「艹」のつく字
花 華 苔
苗
草 蕾 藤
茶
萩 荻
茂

つぎはぎ川柳《せんりゅう》

●ルール

川柳用に五・七・五の上・中・下の句を、それぞれに単独で適当に書き、ランダムに組み合わせて、愉快な川柳を生み出して評価し合う楽しいことば遊びです。

最初に利用者に、それぞれ1句ずつ川柳を詠んでもらってから、その句の五(上)・七(中)・五(下)をばらばらにして利用するのも楽しいかもしれません。

●準備するもの

①川柳を書く紙(人数分×6枚)

②ペン(人数分)

●やり方

①各自、手元に紙を6枚用意し、各紙の右上に2枚ずつ「上・中・下」のどの句用かをメモします。

②音節の数(五・七・五)を意識しつつ、お互いにつながりのない句を6枚それぞれに

書いていきます。

③書き終わったら「上・中・下」に分けて内容が見えないように全員の紙を集めます。

④誰でもよいので「上・中・下」からランダムに１枚ずつ取って句を並べ替えます。

⑤句を合成して鑑賞会を始めます

⑥すべて詠み終わったら投票です。「ベスト賞」「情景が浮かんできました賞」「意味深で賞」など、賞の名前をつけて表彰します。

⑦投票数×１点として、一番得点の多い人が勝ちです。

●解説

このゲームを始める前に「サラリーマン川柳」など話題の川柳を紹介するのもよいでしょう。また現代の四季にも通じる名句（次ページ参照）を、上・中・下の句にばらばらにして、まぜて利用しても面白くなります。

使える句

（松尾芭蕉）

- 古池や・蛙《かわず》飛びこむ・水の音
- 閑《しずか》さや・岩にしみ入る・蟬《せみ》の声
- 五月雨《さみだれ》を・集めて早し・最上川《もがみがわ》
- 荒海や・佐渡によこたふ・天河
- 夏草や・兵《つわもの》どもが・夢の跡

（小林一茶）

- 我と来て・遊べや・親のない雀《すずめ》
- 雀の子・そこのけそこのけ・御馬が通る
- やせ蛙《がえる》・まけるな一茶・これにあり
- やれ打つな・蠅《はえ》が手をすり・足をする
- 名月を・とつてくれろと・泣く子かな

（正岡子規）

- 柿くへば・鐘が鳴るなり・法隆寺
- 鶏頭の・十四五本も・ありぬべし
- をととひの・へちまの水も・取らざりき
- 北国の・庇《ひさし》は長し・天の川
- 雉《きじ》鳴くや・庭の中なる・東山

（高浜虚子）

- 去年《こぞ》今年《ことし》・貫く棒の・如きもの
- 遠山に・日の当たりたる・枯野かな
- 白《はく》牡丹と・いふといへども・紅《こう》ほのか
- 雨の中に・立春大吉の・光あり
- 流れゆく・大根の葉の・早さかな

計算で脳をトレーニングする

サイコロ数字消し

●ルール

1～12の数字を書いた紙を用意し、2個のサイコロを投げ、1個の出た目の数か2個の合計の数を消していきます。先に全部消せたチームが勝ちとなります。

●準備するもの

①サイコロ（1チーム2個）
②1～12までの数字を記入した用紙（チームの数分）
③ペン（2本）

●やり方

①紙に1～12までの数字を記入します。
②ボードに数字を記入した紙を貼ります。

③チームごとに、サイコロを順番に投げます。

④2個まとめて投げて、数字はサイコロ1個の数を消してもよいし、2個を合計した数を消してもよいこととします。たとえば、「3」と「6」が出た場合、「3」「6」「9」のいずれかの数字を消すことができます。

⑤何度か繰り返します。

⑥1～12までの数字を先に全部消せたチームが勝ちとなります。

⑦結果を発表します。

●解説

2個のサイコロを投げて出た目を合計するので、頭の体操になります。また、2個のサイコロを足して出る数のそれぞれの確率を予想して数字を消していきますので、どの数字から消していくほうがよいのかなど、戦略を立てる必要があるため、難易度の高いゲームです。

数字パズル

●ルール

重複した数字を探すゲームです。

●準備するもの

①右図のようなプリント（人数分）

②鉛筆（人数分）

●やり方

①重複する数字1組を含む10個の数字を書いたプリント＝問題用紙を配ります。

②数字のなかの重複する数字を当ててもらいます。該当する数字を鉛筆を使って○で囲むか、チェックをつけてもらいましょう。

●ポイント

考える時間を2分、3分と一定の時間に区切るとよいでしょう。参加する利用者によって、問題数を変えることもできます。5問ずつ2回、3回に分けて行ってもよいかもしれません。

●解説

数字を認識する力と、記憶力を使うゲームで

同じ列から、2つある数字を探しましょう

①1356572098	⑨1365042478
②7864032419	⑩8951034625
③1780234095	⑪5896018724
④6073956182	⑫5597081426
⑤4973518607	⑬5977042613
⑥2017358976	⑭2783694071
⑦6125934018	⑮0453679921
⑧2917562430	⑯3092869571

す。問題用紙を配って個人ごとに挑戦してもよいですし、ホワイトボードなどを使って、答えの数字を解答用紙に書いてもらうといった、利用者全員で答えるやり方もあります。

〔答え〕①5 ②4 ③0 ④6 ⑤7 ⑥7 ⑦1 ⑧2
⑨4 ⑩5 ⑪8 ⑫5 ⑬7 ⑭7 ⑮9 ⑯9

身近な理科の素材を使い、五感を使ったメニューを取り入れる

花の名前で行うビンゴ

●ルール

花の名前で行うビンゴゲームです。

●用意するもの

①大きめの紙（チームの数分）

②ペン（赤・黒、チームの数分）

③空欄のビンゴ表（マス目は3×3、4×4など人数や状態に応じて、チームの数分）

●やり方

①チームに分かれて、マス目に好きな花の名前を入れます。

②チームの代表がじゃんけんをし、勝ったチームが発表する花の名前を決めます。

③チームのビンゴのマス目の中にある花の名

前を発表してもらいましょう。

④他のチームは、手元のビンゴ表にその花の名前があれば赤ペンで○をつけていきます。

⑤縦・横・ななめ、いずれかの列の○が1列そろったチームの勝ちとなります。

●ポイント

残り1マスでそろう状態になったらリーチの声をかけます。ビンゴのときは手を上げてもよいでしょう。ビンゴの本数は参加している利用者の人数や状態に応じて変化させてもよいでしょう。

●解説

いろいろな題材のビンゴゲームがありますが、理科系メニューでは、春ならたんぽぽや桜、夏ならひまわり、秋なら菊、冬ならつばきなど、季節感のある花を飾っておくなど、利用者の五感に働きかける工夫をしてみるとよいかもしれません。

季節の花

（春の花）

- 桜

- すずらん

- たんぽぽ

- チューリップ

（夏の花）

- ひまわり

- あじさい

- あさがお

- さるすべり

(秋の花)

- 菊

- コスモス

- はぎ

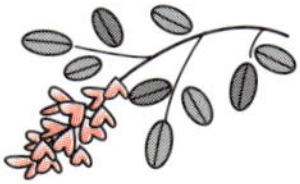

- ひがん花

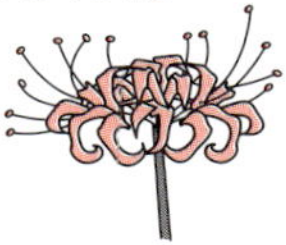

(冬の花)

- つばき

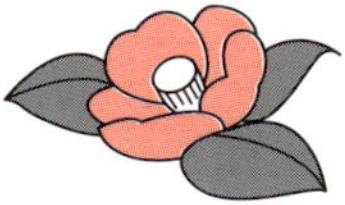

- シクラメン

- パンジー

- すいせん

過去の思い出話で盛り上がることができる

都道府県ビンゴ

●ルール

全国47の都道府県名を使って行う、ビンゴゲームです。

●準備するもの

①大きめの紙

②ペン（黒・赤、チームの数分）

③空欄のビンゴ表（マス目は３×３、４×４など人数や状態に応じて、チームの数分）

●やり方

①チームに分かれ、利用者に「親戚の人が住んでいる県は？」「旅行をしたことある県は？」などの声かけをして、マス目に入れる都道府県名を決めます。

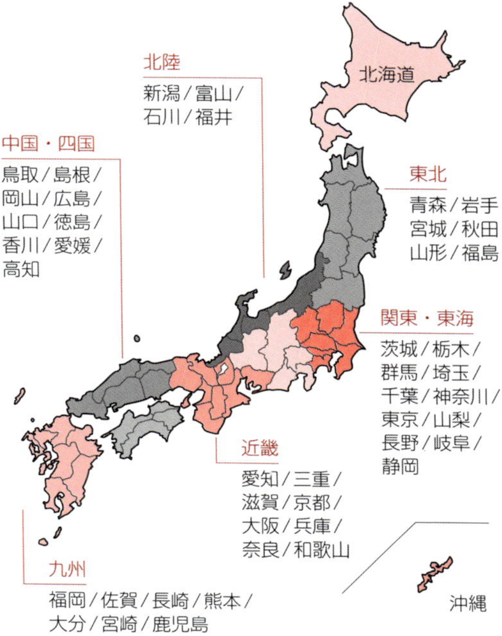

②チームの代表者がじゃんけん。勝ったチームが自分のチームのマス目に書いてある都

道府県名を発表します。

③チームごとに、都道府県名を発表してもらいます。

④手元のビンゴ表にその都道府県があれば○を付けます。○は赤ペンなど色の付いたペンで付けるとよいでしょう。

⑤縦・横・ななめ、いずれかの列の○が１列そろったチームの勝ちとなります。

●ポイント

利用者の出身地や家族で旅行して思い出に残っている場所の話を聞くなど、話題を広げながら進めます。

●解説

その場で利用者から都道府県名がすらすらと出てこない場合に備えて、その日の利用者の出身地や関連する都道府県であらかじめビンゴ表を作っておいてもよいかもしれません。

今日は何の日

●ルール

ルールは特にありません。

●準備するもの

「今日は何の日」かを調べて、利用者の出身地、職業、趣味など、その日とリンクする情報を把握しておきます。

●やり方

利用者の前で、職員が「今日は○○の日です」という話をきっかけに、関連する話を聞き出していきます。

●ポイント

「今日は何の日」は、回想法の一つのプログラムです。利用者がひと時でも“主人公”になれる時間を職員が作っていくグループ・アクティビティであり、認知症ケアの手法の一つです。

利用者の思い出の日に何をしていたのか？　どこに行ったのか？　好きだったか嫌いだったか？　など話を聞き出していくなかで、利用者が生き生きと話ができる時間を作ります。

●解説

人は、過去の懐かしい思い出を語り合ったり誰かに話したりすることで、心の核となる部分を再発見することができます。自分の存在の意味、人生の歴史を見つめ直し、あらためて自尊心をもてるようになるともいわれています。

大切なことは、思い出を語り合ったり、自分の得意分野を誰かに話したりすることです。ですから話題が「今日は何の日」からかけ離れても構いません。話題が広がって、多くの発言を引き出せれば回想法としては成功です。ただし、誰かが傷ついたり、悲しんだりする方向に話が進んでしまうときは、職員が修正します。

話題を広げるヒントを事前に多く用意しておくと、話が詰まって沈黙が続くようなことが避けられますので、インターネットで調べるなど、十分に準備して臨むと、より多くの笑顔に出会えると思います。

県名パズル

●ルール

16文字の漢字が書かれた問題用紙の中に隠された、日本の「都道府県名」を探し出すゲームです。

●準備するもの

①解答用紙（人数分）

②ペン（人数分）

③問題用紙（人数分）

●やり方

①問題用紙に16文字の漢字を記入します。

②問題用紙を利用者に配ります。

③問題用紙の漢字の中から日本の都道府県名を探してもらいます。同じ漢字を何度使ってもOKです。

④解答用紙の紙に、都道府県名を記入します。

⑤利用者と介護職員と一緒に、答え合わせをします。

16文字の漢字セット

（県名用）

山　川　岡　福　井　木　島　石

口　広　崎　長　都　東　京　阪

解答例　石川　岡山　東京都　長崎　広島
福井　福岡　福島　山口（50音順）

（しこ名用）

白　大　乃　花　鵬　高　千　柏

代　見　士　戸　山　鳳　若　富

解答例　柏戸　大鵬　高見山　千代富士
白鳳　若乃花（50音順）

（総理大臣名）

小　曽　佐　田　平　福　中　吉

池　大　安　泉　藤　倍　根　羽

解答例　安倍　池田　大平　小泉　佐藤
田中　中曽根　福田　吉田（50音順）

●ポイント

岡山、山形、和歌山など、使用頻度の高い「山」や福井、福岡などの「福」など、複数の都道府県名に使われている漢字を、必ず16文字の問題用紙に何文字か記入しておくことがポイントになります。

●解説

参加者の出身地の県名の漢字を入れておくと、利用者が答える時、思い出話などを聞くことができるでしょう。

ホワイトボードなどを利用して、問題となる文字を大きく書いて、都道府県名になる組み合わせを利用者と介護職員が一緒に探してもよいでしょう。

このパズルは、都道府県名ばかりでなく、名力士のしこ名や芸能人の名前など、題材を変更して行うこともできるゲームです。アレンジによっては何通りにも楽しむことができるでしょう。

材料を利用してコミュニケーションをはかる

野菜・果物ビンゴ

●ルール

24種類の野菜・果物から、16種類を選び、自分のビンゴ表に記入します。

別に作った野菜・果物カードを利用者に引いてもらい、ビンゴ表に同じものがあったらそのマス目を消します。縦・横・ななめの3つのラインが消えた人が勝ちというゲームです。

●準備するもの

①野菜・果物のカード24種類（次ページ参照）

②空欄のビンゴ表（マス目は4×4、チームの数分）

③鉛筆（人数分）

●やり方

①紙、またはホワイトボードに24種類の野菜・果物の名前を記入します。

②3チームに分かれます。チームごとに24種類の野菜・果物のなかから16種類選び、それぞれのビンゴ表に記入します。

③3チームで順番を決め、各チームで1枚ずつ野菜・果物カードを引きます。

④順番に繰り返して行います。ビンゴの線が2本そろったところでビンゴ。さらにもう1本できたら終了です。

⑤早く終了したチームが勝ちとなります。

●ポイント

ビンゴゲームに馴染みのない利用者がいる場合には、ルールを繰り返し説明しましょう。

●解説

野菜・果物を16カ所に記入できないチームがある場合には、介護職員が記入するようにします。チーム分けに配慮することも大切です。

野菜・果物イラスト見本

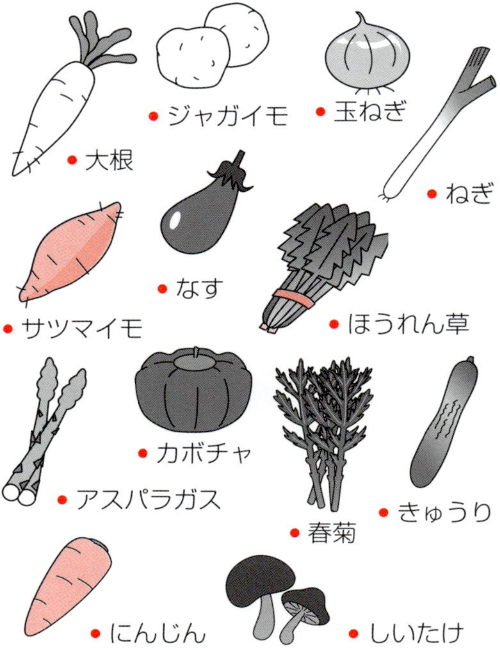

ジャガイモ
玉ねぎ
大根
ねぎ
なす
サツマイモ
ほうれん草
カボチャ
アスパラガス
きゅうり
春菊
にんじん
しいたけ

- リンゴ

- いちご

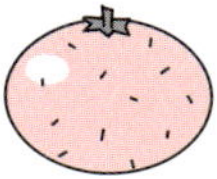

- みかん

- ブドウ

- バナナ

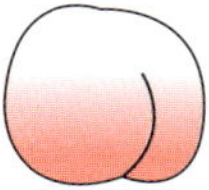

- 桃

- パイナップル

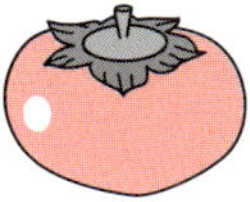

- かき

- さくらんぼ

- 洋梨

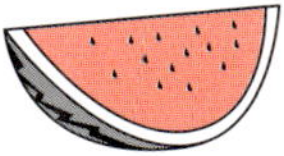

- すいか

※イラストをコピーしてご利用ください。

すき焼きじゃんけん

●ルール

じゃんけんで勝ったグループの代表にすき焼きの6種類の具、肉、ねぎ、焼き豆腐、しらたき、春菊、しいたけのカードを1枚ずつ引いてもらいます。6種類の具全部のカードが揃ったグループの勝ちとなります。

●準備するもの

①すき焼きの具のカード(6種類×チームの数分)

②カードを入れる袋

●やり方

①すき焼きの具6種類、肉、ねぎ、焼き豆腐、しらたき、春菊、しいたけのカードを作ります。文字だけでもよいですし、イラストを描いても楽しいでしょう。

②チームに分かれ、代表が1人出てじゃんけんをします。

③じゃんけんに勝ったチームの代表は、袋か

ら１枚カードを引きます。

④これを何度か繰り返し、早く６種類のカードを集めたチームの勝利となります。

●ポイント

手持ちと同じ種類の具のカードを引いてしまったら、カードを袋に戻し、次に勝つまで待ちます。袋からカードを取り出す時には、中が見えないように工夫しましょう。

●解説

すき焼きは、地域ごとに特色のある具材があったり、家庭によっては変わり種が具材として入っていたりします。味付けも割り下を使う関東風、しょう油と砂糖を使う関西風など、地域によっても異なります。カード作りから、地域による違いや家庭による違いなどを話題にして、具材のカードとして取り入れることで、会話も広がります。

「石狩鍋」「もつ鍋」「きりたんぽ鍋」など、各地域の鍋料理を題材にしてもおもしろいでしょう。

すき焼きの６種類の具材

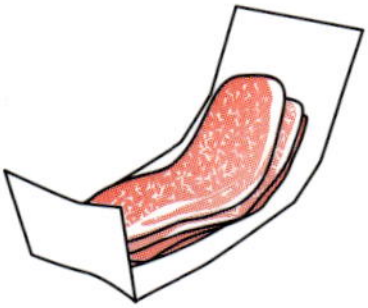

● 肉

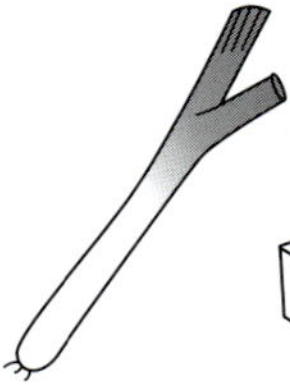

● ねぎ

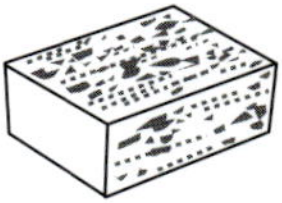

● 焼き豆腐

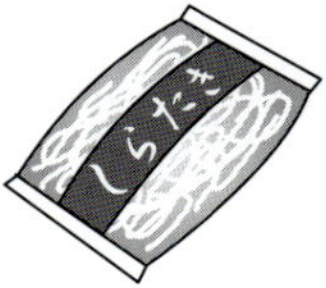

● しらたき

● 春菊

● しいたけ

※イラストをコピーしてご利用ください。

第3章

レクリエーションに関するQ＆A

楽しいはずのレクリエーションなのに、利用者が参加してくれなかった、参加したけれどつまらなそうにしている、そんなときの対策のヒントをお伝えします。

1人で考えこまず、同僚や先輩と一緒に対策を考えていきたいものです。

Q&A①

利用者が参加してくれません

答え：新しい刺激で意欲を促そう！

毎日顔を合わせている職員が毎回同じレクリエーションを行うのではなく、常に新しいボランティアなどの人材を確保するための環境づくりを行い、年中行事のレクリエーションであっても、アプローチ方法を変えたりすることが、利用者の参加意欲を促すことになります。

新しい人材と、新しい刺激で、利用者の積極的な参加を促進しましょう。

理由

介護職員のなかには「なかなかレクリエーションに積極的に参加してもらえない」と、悩んでいる人もいるのではないでしょうか。

例えば、ふだん介護職員が一所懸命働きかけても参加してくれない女性利用者が、たまたまやってきた若い男性ボランティアの行ったレクリエーションには、楽しそうに参加している光景を見かけることがあります。

それはなぜでしょう？　これは、そのときにレクリエーションを担当した人が「若い異性であった」という要因だけではありません。

まったく知らない人物という刺激と、初めて行うレクリエーションであったという刺激、2つの新しい刺激が、利用者にレクリエーションに参加しようという気持ちを抱かせたのではないでしょうか。

対応の仕方

人材を確保するためには、これまでに手助けしてくれたボランティアだけでなく、利用者自身や介護職員の知人友人、家族や地域のネットワークにも幅広く呼びかけをしましょう。

Q&A②

マンネリ化して困っています

答え：遊びを創造する力をつけよう!

日本では365日、毎日が必ず「○○の日」とされています。たとえば3月3日の雛祭りは「耳の日」でもありますし、1月10日は「110番の日」で9月1日は「防災の日」です。毎月15日は「お菓子の日」18日は「頭髪の日」30日は「みその日」など、年に12回も回ってくる、身近な生活に関わる日もたくさんあります。

そうした日をきっかけにしても、レクリエーションのメニューづくりにつながるさまざまな発想が生まれるでしょう。

4つの資源（物的資源、人的資源、空間的資源、情報的資源）を活用して、利用者が笑顔になるレクリエーションを生み出していきましょう。

理由

マンネリ化するということは、以前から行っているメニューを、季節だから、あるいは以前に好評だったからという単純な理由で、ついつい繰り返していることが多いからではないでしょうか。

もちろん日々の業務に追われて、なかなか新しいメニューを創造するのは難しいかもしれません。しかし、利用者の笑顔をたくさん見たいのであれば、新しいレクリエーションを考える努力は必要です。

対応の仕方

大切なのは、ちょっとした発想の転換で、遊びを考える力を養うことです。１人で悩むのではなく、職員全体で楽しく考える体制をとっていれば、１人ひとりの負担がそれほど増えることはないでしょう。

Q&A③

上手にリードできません

答え：サークルのリーダーになろう！

映画が好きな介護職員がいたとします。その人が、12月1日が映画の日であることにちなんで、毎月1日を映画に関するレクリエーションの日にすれば、メニュー作りの下準備はオーケーです。

そこから今回は、利用者が若い頃人気のあった映画を探したり、会話が広がるよう出演者の情報を調べたりするなど、次々と考えることができます。ようするにテーマは何でもよいのです。リードする本人が、サークル活動をような楽しむような気持ちになることが成功の秘訣です。

理由

たとえば自分が音痴だと思っていて、人前でカラオケを歌うのも苦手という介護職員がレクリエーションの歌の担当になってしまったら、とても辛いですよね。

自分が好きなこと、得意なことがネタならば、介護職員自身も気持ちが楽になり、楽しく、積極的にレクリエーションの担当になれるのではないでしょうか。

対応のしかた

レクリエーションと、それを担当する介護職員のマッチングを行うことをお勧めします。そのほうが説得力がありますし、上手に利用者をリードすることもできるでしょう。

Q&A④

利用者同士のトラブル対処法

答え：3つの対処法がおすすめ

人は不満をもつとトラブルを起こしやすいものです。ですから、レクリエーションも万人受けするレベルにばかりするのではなく、ある時は難易度を上げたり、ある時は下げたり、バリエーションを増やしたりという工夫によって、トラブルの種を早めに摘みましょう。

●時間制限を設ける

レクリエーションをテンポよく行い、時間制限を設けます。説明や準備が長いと、トラブルの原因になりやすいので注意が必要です。

●少人数制も組み込む

常に大人数でレクリエーションを行うのもトラブルの原因になることがあります。時には2

～3人の小さなグループのレクリエーションの機会を作ります。以前トラブルがあった人同士の接触を避けインターバルを置くことができます。

●**材料は多めに用意する**

道具などは、予備を用意しておくと、不足によるトラブルを回避することができます。

理由

レクリエーションに参加する利用者には、元気な方も不自由のある方もいます。また、音楽が好き、細かい作業は苦手、1人が好き、皆と楽しく仲良く過ごしたいなど、さまざまな希望もあるでしょう。また、活動できる体力、気力、嗜好は十人十色です。

対応の仕方

レクリエーションのバリエーションを増やすことで、利用者が少しでも満足できるよう、こころがけましょう。

Q&A⑤

認知症の利用者が参加する際の注意

答え：大切なのは親近感と気配り

認知症を患っている利用者が、どのような遊びが好きなのか、どのようなレクリエーションを楽しみたいのかを介護職員がしっかり理解することが大切です。それが、利用者の自己実現につながります。

理由

認知症の利用者のやりたいこと、できることを理解するのは難しいと思われるかもしれませんが、利用者の表情を見れば、意外と簡単に答えが見つかるかもしれません。

そのヒントは笑顔です。認知症の利用者でも、好きだったり楽しかったりすれば、自然と笑顔が出ます。それを見逃さずにキャッチしていけば、認知症の利用者も楽しくレクリエーションに参加することができるでしょう。

対応のしかた

レクリエーションを始める前に、参加者の名前を呼ぶなどして、親近感を高めましょう。認知症の利用者には、無理に名乗らせたりしないようにしましょう。また、レクリエーションに参加しているという意識をもってもらえるように、準備や進行を手伝ってもらったり、その人のよい点をさりげなく褒めるというような気配りも大切です。

◆参考文献

- 今井弘雄『高齢者のためのおたのしみ会アイデア集（シニアライフ・シリーズ）』生活ジャーナル、2000年
- 株式会社日本ケアサプライ　けあピアforデイ　みんなのレク　http://www.carepia.jp
- 川崎陽一「現場で受けるレクリエーション　介護マネジメント塾」月刊介護ビジョン、日本医療企画、2006～2007年
- 金憲経・吉田英世『転倒予防体操のアクティビティ―楽しく続ける』ひかりのくに、2006年
- 斎藤道雄『要支援・要介護の人も楽しめるシニアの心と身体の歌体操22』黎明書房、2011年
- 高橋紀子『お年寄りの楽楽レクリエーション（福祉実技シリーズ）』黎明書房、1997年
- 坪井高志『ツボイくんと元気で愉快な高齢者たちの介護レクネタ帳』ひかりのくに、2011年
- 三好春樹監修『転ばないからだづくり―楽しくできる介護予防』関西介護出版、2008年
- 『介護職員初任者研修課程テキスト2　コミュニケーション技術と老化・認知症・障害の理解』日本医療企画、2012年

【監修者略歴】

川崎　陽一（かわさき　よういち）

株式会社プレイケア代表取締役社長。
1994年中央大学卒業後、株式会社バンダイに入社。玩具業界にてさまざまなマーケティングを展開しながら、高齢者施設などでボランティア活動を行う。2003年社内ベンチャー大会入賞、同社設立、代表に就任。シニアマーケットコンサルティングを行いながら、医療法人、社会福祉法人等の人材育成コンサルタントとして活動。日本アクティビティ協会理事、日本メディアケア協会理事。雑誌等でレクリエーションに関する連載を多数もつ。

板垣　慎司（いたがき　しんじ）

株式会社ライフタイムメディ代表取締役社長。
1991年、慶應義塾大学卒業後、株式会社三越に入社。
社内ベンチャーとして介護事業の立ち上げを行う。
2001年、世田谷区に「ライフタイム上馬デイサービスセンター」を開設、2005年国立市に2号拠点を開く。
2009年、株式会社日本ケアサプライに同事業を譲渡。
同社が行う介護事業所向けポータルサイト「けあピア」の運営および子会社において、デイサービス、訪問看護ステーションの経営を行う。社会福祉士。

●編集協力／有限会社エイド出版
●表紙デザイン／能登谷　勇
●表紙イラスト／どい　まき
●本文イラスト／佐藤加奈子

介護のしごとが楽しくなるこころシリーズ 7
みんなが集まる　レクリエーション

2014 年 5 月 25 日　初版第 1 刷発行

監　修　者　川崎陽一・板垣慎司
企画・制作　株式会社ヘルスケア総合政策研究所 ©
発　行　者　林　　諄
発　行　所　株式会社日本医療企画
〒101-0033
東京都千代田区神田岩本町 4-14 神田平成ビル
TEL.03-3256-2861（代）
http://www.jmp.co.jp/
印　刷　所　大日本印刷株式会社

ISBN978-4-86439-251-8 C3036　Printed in Japan, 2014
（定価は表紙に表示してあります）